INHALT

Vorwort	Seite 4
Methoden	Seite 5
1. Le Petit Chaperon rouge *(Present)*	Seite 6
2. La francophonie, francité; Qu'est ce que c'est?	Seite 7
3. La Côte d'Azur	Seite 8
4. Petite histoire de Noël *(Passé Composé)*	Seite 9
5. La légende des flocons de neige *(Passé Composé)*	Seite 10
6. Poucette *(Passé Composé)*	Seite 11
7. D'où vient Halloween?	Seite 12
8. La bague magique *(Passé Composé)*	Seite 13
9. Le Parc d'Europe	Seite 14
10. Les animaux du monde: L'éléphant	Seite 15
11. La planète Saturne	Seite 16
12. Le Japon	Seite 17
13. La devise de la France	Seite 18
14. Le corbeau et le renard *(Passé Composé)*	Seite 19
15. Trois perroquets jaloux	Seite 20
16. Fête de l'Europe	Seite 21
17. Deux arbres	Seite 22
18. La baleine	Seite 23
19. Picasso	Seite 24
20. Allô docteur!	Seite 25

Vorwort

Ein französisches Lesetraining? Was hilft das meinen Schülerinnen und Schülern?

Gerade in unserer verstärkt zusammenwachsenden Welt wird es immer wichtiger, die Sprache des Nachbarns zu beherrschen und damit auch auf internationalem Parkett glänzen zu können.
Genau um diese Sprachgewandtheit zu erreichen, wurde das *„französische Lesetraining"* entwickelt. Die interessanten, informativen und altersgerechten Texte motivieren die Schülerinnen und Schüler, sich mit der „fremden" Sprache zu beschäftigen. Denn nur durch eine motivierte und konzentrierte Auseinandersetzung mit der Fremdsprache wird auch ein flüssiges Lesen und Sprechen erreicht.

So wird einmal unabhängig vom jeweilig verwendeten Lehrwerk Französisch geübt. Die Kopiervorlagen können als Ergänzung im Regelunterricht, zur gezielten Einzelförderung oder einfach nur als Wiederholung eingesetzt werden.

Die verwendeten Vokabeln entsprechen den allgemein üblichen Vokabeln des jeweiligen Lernjahres. Neue oder je nach Lehrwerk unbekannte Vokabeln wurden daher auch angegeben. So ist zum größten Teil sichergestellt, dass die für den Inhalt relevanten Vokabeln den Schülern bekannt sind. Einzelne noch nicht bekannte Vokabeln erschließen sich durch den Kontext. So wird auch automatisch das Textverständnis der Schülerinnen und Schüler trainiert.

Gerade Textverständnis und sinnerfassendes Lesen sind eine der Grundkompetenzen beim Erlernen der Fremdsprache. Gezielt eingesetzt und von der Lehrkraft stets positiv ermuntert kann sich das Sprachgefühl ihrer Schülerinnen und Schüler hiermit grundlegend verbessern.

Mit den vorliegenden Arbeitsblättern wünschen wir Ihnen und Ihren Schülerinnen und Schülern viel Freude und Erfolg!

Das **Kohl-Verlagsteam** und

Yasmin Allain

ab 3. Lernjahr

Yasmin Allain

Französisches Lesetraining

Band 2

- SINNERFASSENDES LESEN
- LESEKOMPETENZ STEIGERN
- KONZENTRATION & REFLEXION
- MIT LÖSUNGEN!

KOHL VERLAG
Lernen mit Erfolg
Der Verlag mit dem Baum
www.kohlverlag.de

Möchten Sie mehr vom Kohl-Verlag kennen lernen? Dann nutzen Sie doch einfach unsere komfortable und informative Homepage! Dort erwarten Sie wertvolle Informationen rund um unser gesamtes Sortiment sowie aussagekräftige Leseproben zu jedem lieferbaren Produkt!

www.kohlverlag.de

Französisches Lesetraining
- Band 2 -

1. Auflage 2007

© Kohl-Verlag, Kerpen 2007
Alle Rechte vorbehalten!

Texte: Yasmin Allain
Grafik & Satz: Kohl-Verlag
Druck: farbo Druck, Köln

Bestell-Nr. 10 745

ISBN: 3-86632-745-5

Methoden

Umgang mit den Arbeitsblättern:

Die jeweiligen Texte werden je nach gewünschter Methode von den Schülerinnen und Schülern gelesen. Dabei können sie je nach Leistungsstand laut oder still lesen.
Wichtig ist, dass gerade bei fremdsprachlichen Texten die Schülerinnen und Schüler genügend Zeit haben, das Gelesene zu erfassen und zu verinnerlichen. Kurze „Denkpausen" wären sehr sinnvoll. So kann der Inhalt des Textes erst einmal auf die Schülerinnen und Schüler wirken. Zur besseren Verständlichkeit sind einzelne Vokabeln angegeben. Noch unbekannte Vokabeln werden über den Kontext erschlossen. Parallel dazu kann gegebenenfalls auch ein Wörterbuch benutzt werden.

Nun wird so vorgegangen, wie auf dem Blatt beschrieben: Die obere Hälfte wird nach intensivem Lesen nach hinten weggeknickt und nun werden die richtigen und falschen Aussagen gelesen. Dabei sollen nur die mit dem Lesetext übereinstimmenden Aussagen angekreuzt werden. *(Plie la feuille ici vers l'arrière. - Maintenant, ne lis plus dans le texte. Mets une croix dans la case qui correspond à la bonne réponse!)* Dazu dürfen die Schülerinnen und Schüler die von ihnen benötigte Zeit in Anspruch nehmen. Zu viel Hektik wäre nicht gut, zu langes und damit auch oft unkonzentriertes Arbeiten auch nicht.
Da Sie Ihre Schülerinnen und Schüler wohl am besten kennen, sollten Sie eine zeitliche Obergrenze festsetzen. Achten Sie auch darauf, dass keine Schülerin/kein Schüler schummelt und einfach im Lesetext nachliest. Erst wenn alle Aussagen bearbeitet wurden, darf die Lösungsseite benutzt werden.

Methoden der Erarbeitung:

Die vorliegenden Lesetexte können in unterschiedlichen Varianten erarbeitet werden. Es bietet sich folgende Möglichkeiten an:
- Geben Sie Ihren Schülerinnen und Schülern den selben Text und lassen Sie die Schüler die Lösungen anschließend untereinander vergleichen.
- Lesen Sie den gleichen Text gemeinsam mit den Schülerinnen und Schülern und klären Sie unbekannte Vokabeln. Erarbeiten Sie anschließend gemeinsam die richtigen Aussagen.
- Verteilen Sie in der Klasse nur unterschiedliche Texte, die die Schülerinnen und Schüler nach dem Bearbeiten gegenseitig austauschen und kontrollieren müssen. Somit trainiert jede Schülerin/jeder Schüler an zwei verschiedenen Texten.
- Teilen Sie in der Klasse jeweils zwei gleiche Texte aus. Nach dem Bearbeiten suchen sich die Paare und vergleichen miteinander.
- Lassen Sie in Gruppen Texte erarbeiten.
- Üben Sie mit den einzelnen Methoden jeweils lautes oder stilles Lesen.

Zusätzliche Möglichkeiten:

Die Texte und Arbeitsblätter können auch noch weiterführend eingesetzt werden. Hier ein paar Ideen:
- Nutzen Sie die Texte als Lesetexte für gemeinsames lautes Lesen oder als Vorlagen für Lesenoten.
- Nutzen Sie die Texte als Diktatvorlagen. In fortgeschritteneren Lernjahrgängen für ungeübte Diktate, am Anfang des Fremdsprachenlernens für geübte Diktate.
- Auch zum selbstständigen Arbeiten der Schüler können Diktate verwendet werden (Dosendiktat, Laufdiktat, Partnerdiktat, ...).
- Übersetzen Sie in Einzel-, Partner- oder Gruppenarbeit die unterschiedlichen Textvorlagen
- Integrieren Sie die unterschiedlichen Themen als Gesprächsanlässe und -anreize in ihrem Unterricht.
- Stellen Sie zu den einzelnen Texten zusätzliche Verständnisfragen, um den gelernten Wortschatz zu festigen und zu vertiefen.
- Texte aus Lehrwerken können die Schülerinnen und Schüler zu eigenen Lesetrainings-Texten verarbeiten und ihren Mitschülerinnen und Mitschülern als Aufgaben stellen.

Freiarbeit und eigenverantwortliches Arbeiten:

Kopieren Sie die Vorlagen und knicken Sie die Blätter entlang der Linie in der Mitte. Laminieren Sie die so entstandenen DIN-A5-Karten. Legen Sie am besten in einer anderen Blattfarbe ein laminiertes Lösungsblatt bei. Fertig ist die eigene Freiarbeitskartei zum eigenverantwortlichen Arbeiten!

ton nom _____ 1

Le Petit Chaperon rouge *(Present)*

Le Petit Chaperon quitte le chemin, entre dans le bois et cueille des fleurs. Et, à chaque fois qu'il en cueille une, il se dit: « Plus loin, j'en vois une plus belle »; et il y va la cueillir en s'enfonçant toujours plus profondément dans la forêt. Le loup, lui, court tout droit vers la maison de la grand-mère. Il frappe à la porte. « Oui, qui est là ? » - « C'est le Petit Chaperon rouge qui t'apporte du gâteau et du vin. » – « Tire la chevillette » , dit la grand-mère. « Je suis trop faible et ne peux pas me lever ! » Le loup tire la chevillette, la porte s'ouvre et sans dire un mot, il s'approche du lit de la grand-mère et l'avale. Il enfile ses habits, met sa coiffe, se couche dans son lit et tire les rideaux et attend le Petit Chaperon rouge...

La chevillette = Türklinke; La coiffe = die Haube

Plie la feuille ici vers l'arrière. - Maintenant, ne lis plus dans le texte.
****

Mets une croix dans la case qui correspond à la bonne réponse!

| X | correct |

1. ☐ Cette histoire est-elle un conte des fées?
2. ☐ Le Chaperon rouge cueille-t-il des mûres dans la forêt?
3. ☐ Est-ce qu'il voyait toujours une fleur encore plus belle?
4. ☐ Est-ce qu'il s'éloignait de sa maison?
5. ☐ Est-ce qu'il voulait voire sa grand-mère?
6. ☐ Le loup arrive-t-il à la maison de la grand-mère après le Petit Chaperon rouge?
7. ☐ Le loup entre-t-il sans frapper à la porte?
8. ☐ Le loup fait-il semblant d'être le Chaperon rouge?
9. ☐ La grand-mère s'est-il fait avaler par le loup?
10. ☐ Est-ce qu'il vaut mieux que le Chaperon rouge n'arrive pas à la maison de sa grand-mère?

La francophonie, francité: Qu'est ce que c'est?

La francophonie ou francité, regroupe toutes les personnes qui parlent le français. On les appelle les francophones. Le français n'est pas la langue la plus parlée dans le monde. Il y a d'abord le mandarin (Chine), le hindi (Inde), l'anglais, l'espagnol et puis le français. Mais les francophones sont quand même 129 millions dans le monde. Mais où sont-ils exactement? En France bien sûr, mais aussi en Belgique, en Suisse et au Québec. Il y a aussi des francophones dans plein d'autres pays: en Afrique (Côte d'Ivoire, Congo, Cameroun), en Asie (Viêt-nam), etc. 44 pays font ainsi du français leur langue officielle. Connais-tu des francophones? Oui, mais tu ne le savais peutêtre pas. Céline Dion, par exemple, est francophone. Et attention, il ne faut pas confondre francophone et francophile. Les francophiles sont les personnes qui aiment la culture et la langue française. Mais peut-être ne parlent-ils pas aussi bien français que toi.

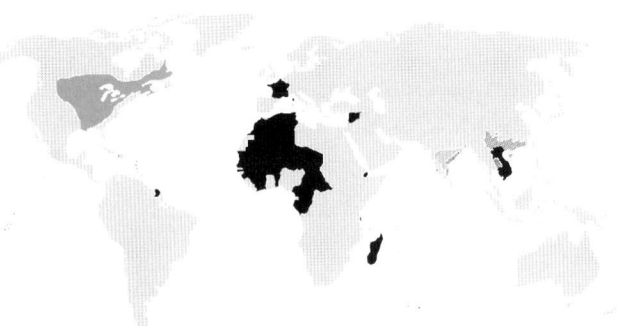

Plie la feuille ici vers l'arrière. - Maintenant, ne lis plus dans le texte.

****

Mets une croix dans la case qui correspond à la bonne réponse!

[X] correct

1. ☐ Toutes les personnes qui parlent anglais s'appellent-ils francophones?
2. ☐ Le français est-il la langue la plus parlée au monde?
3. ☐ Y a-t-il 129 millions de francophones dans le monde?
4. ☐ Sont-ils en France mais aussi en Allemagne?
5. ☐ Y a-t-il des francophones en Afrique?
6. ☐ Dans 44 pays le français est-il la langue officielle?
7. ☐ Céline Dion est-elle française?
8. ☐ Est-ce que francophone et francophile est la même chose?
9. ☐ Les francophiles aiment-ils la culture et la langue française?
10. ☐ Est-ce qu'il y a des francophones dans d'autre pays que la France?

ton nom _____   3

La Côte d'Azur

La Côte d'Azur se situe au Sud de la France, elle se répartit sur les départements du Var et des Alpes-Maritimes, elle fait partie de la Provence. La Côte d'Azur cumule plusieurs avantages qui tous favorisent le tourisme. D'abord un climat exceptionnel, le soleil est là de nombreux jours de l'année et la température est remarquablement douce en hiver. Ensuite la présence simultanée de la mer méditerranée et des montagnes alpines. En effet, la Côte d'Azur est encadrée par les Alpes du Sud dont certains sommets atteignent 3000 mètres d'altitude. Les Préalpes Niçoises donnent directement sur la Méditerranée. Les Préalpes autour de la ville de Grasse s'élèvent au delà de 1700 mètres. L'ensemble offre des

paysages et panoramas d'une qualité exceptionnelle avec des couleurs soutenues et gaies. La Côte d'Azur est une région qui s'étend de Toulon à Menton et la frontière Italienne. Les villes principales sont Monaco, Nice, Grasse, Antibes, Cannes, Saint Raphaël et Hyères. La Côte d'Azur comporte en outre des stations balnéaires réputées comme Saint-Tropez et Juan les Pins, et un mini état prestigieux, la Principauté de Monaco.

simultané,ée = gleichzeitig; la station balnéaire = der Badeort
l'état = der Staat; la Principauté de Monaco = das Fürstentum Monaco

Plie la feuille ici vers l'arrière. - Maintenant, ne lis plus dans le texte.
****
Mets une croix dans la case qui correspond à la bonne réponse!

| X | correct |

1. ☐ La Côte d'Azur est-elle une ville du Sud de la France?
2. ☐ Est-ce que la répartition de la Côte d'Azur indique que c'est une région?
3. ☐ Y a-t-il un climat désagréable?
4. ☐ En hiver les températures sont-elles douces?
5. ☐ La Côte d'Azur est-elle en bordure de mer?
6. ☐ Les Alpes sont-elles à proximité?
7. ☐ Est-ce qu'il y a de beaux paysages et panoramas?
8. ☐ Les villes de Paris et de Lyon se trouvent-elles sur la Côte d'Azur?
9. ☐ Les stations balnéaires sont-elles des endroits ou on peut se baigner?
10. ☐ La Principauté de Monaco est-elle un mini état?

ton nom _____ 4

Petite histoire de Noël *(Passé Composé)*

La veille de Noël, Wendy était désespérée, elle n'avait pas fait sa lettre au père Noël, elle a pleuré et pleuré. Sa maman avait essayé de la consoler mais elle pleurait toujours. Sa maman lui dit: - « Ecoute, tu vas mettre une petite assiette de gâteau au chocolat, un bol de lait et une petite botte en dessous du sapin, le papa Noël, en voyant que tu as fait tous ça pour lui, n'hésitera pas à mettre quelque chose dans ta botte. » Wendy fait ce que sa maman lui avait conseillé et va se coucher. Le lendemain, Wendy était émerveillée. Dans sa botte il n'y avait qu'une mandarine, mais à côté, une merveilleuse poupée qui était habillée comme une princesse. Wendy lui a donné le nom de Princesse. Et à côté il n'y avait plus qu'une assiette et un verre vide, ce qui prouvait que le père Noël était bien passé.

la veille = der Vorabend; consoler qn.= jdn. trösten;
le sapin = der Tannenbaum; la botte = der Stiefel

Plie la feuille ici vers l'arrière. - Maintenant, ne lis plus dans le texte.
****
Mets une croix dans la case qui correspond à la bonne réponse!

[X] correct

1. ☐ Est-ce que le soir avant Noël s'appelle la veille de Noël?
2. ☐ Wendy a-t-elle écrit une longue lettre au père Noël?
3. ☐ Sa maman essaye-t-elle de la consoler?
4. ☐ Est-ce que Wendy met un bol de lait et un gâteau de chocolat en dessous du sapin?
5. ☐ Veut-elle que le papa Noël lui mette quelque chose dans sa botte?
6. ☐ Sa maman est-elle convaincue que le papa Noël ne va pas ignorer ce que Wendy a fait pour lui?
7. ☐ Le lendemain matin, Wendy était-elle déçue?
8. ☐ Est-ce qu'elle a eu une poupée barby?
9. ☐ Est-ce que le nom de la poupée est Ariane?
10. ☐ Le fait que l'assiette et le verre soient vides, prouvent-ils le passage du père Noël?

La légende des flocons de neige *(Passé Composé)*

Il était une fois, il y a longtemps, des petits moutons argentés habitaient dans le ciel! St. Pierre les avait adoptés pour passer le temps! Il les surnommait flos! Cela voulait dire « enfants » car ceux-ci n'arrêtaient pas de courir et de jouer partout. Ils étaient très doux mais aussi très capricieux. Parfois, ils allaient courir dans le ciel. Mais de petites étoiles restaient accrochées à leur laine. Un jour, Dieu a décidé d'amener le froid au monde!

Mais les petits moutons, frileux, très capricieux et nécessitant un petit confort chaud, se mirent à courir dans tous sens sur les nuages! En courant si vite les étoiles en tombant du ciel se sont décollées de leur laine! Dieu en était très ravi et a donné à ces petites étoiles blanches, le nom de flocon (mélange de flo et de mouton). C'est depuis ce jour qu'on peut apercevoir des petits flocons tomber du ciel en hiver!

le mouton argenté = das silberne Schaf; frileux,euse = kälteempfindlich

Plie la feuille ici vers l'arrière. - Maintenant, ne lis plus dans le texte.
****
Mets une croix dans la case qui correspond à la bonne réponse!

[X] correct

1. ☐ Des petits moutons de couleur argentée habitaient-ils dans le ciel?
2. ☐ Est-ce St. Pierre est responsable du temps?
3. ☐ Les enfants jouaient-ils partout dans le ciel?
4. ☐ Les enfants avaient-ils une laine douce et douillette?
5. ☐ Le soleil restait-il accrochés à leur laine?
6. ☐ Les moutons nécessitaient-ils un confort chaud et douillet?
7. ☐ Les moutons ont-ils couru si vite que les étoiles se sont décollées de leur laine?
8. ☐ Est-ce que Dieu était ravi?
9. ☐ Est-ce que Dieu a donné le nom de flocon à ces petites étoiles?
10. ☐ Est-ce que les flocons qui tombent du ciel sont de la neige?

ton nom _____ 6

Poucette *(Passé Composé)*

Il était une fois... une dame qui rêvait d'avoir une petite fille, mais son désir n'était toujours pas exaucé. Alors, elle va chez la magicienne pour lui exposer son problème. La magicienne lui donne une graine d'orge. Enfin son rêve se réalise: Une petite fille haute comme un pouce. Ses parents lui ont donné le nom Poucette. Ils lui ont fait un lit dans une coquille de noix. Une nuit, pendant que la maisonnée dormait, une grosse grenouille casse le carreau de la chambre de Poucette et emporte Poucette chez elle. Et, pour éviter que Poucette ne s'enfuie, elle la dépose sur un nénuphar au milieu de l'étang. Des petits poissons ont voulu aider Poucette. Un papillon dit à Poucette de lui lancer sa ceinture, puis il pose Poucette dans la maison d'un scarabée. Quand le scarabée a vu Poucette, il a vite appelé ses amis. Mais son ami, jaloux de lui, libère Poucette pendant la nuit. Poucette cherche de la nourriture. Heureusement, Poucette a trouvé une maison. Elle frappe à la porte. Un rat des champs l'accueille en souriant et il fait entrer Poucette. Poucette reste longtemps avec lui. Un jour le rat des champs et Poucette sont invités chez monsieur Taupe qui a une maison sous en sous-sol. Vite monsieur Taupe est tombé amoureux d'elle. Dans la maison de la taupe, Poucette trouve une hirondelle blessée. Elle la soigne en cachette de monsieur Taupe. Quand le printemps arrive, l'hirondelle est guérie. L'hirondelle emporte Poucette au pays chaud et là-bas elle a rencontré le roi des génies. Et comme ça elle se marie avec lui.

exaucé,ée = erfüllen, erhöhren; la magicienne = die Zauberin; la graine d'orge = das Gerstenkorn; la maisonnée = die Hausgemeinschaft; le carreau = das Fenster; le nénuphar = die Seerose; l'étang = der Teich; le scarabée = der Skarabäuskäfer; le taupe = der Maulwurf; l'hirondelle = die Schwalbe

Plie la feuille ici vers l'arrière. - Maintenant, ne lis plus dans le texte.
****
Mets une croix dans la case qui correspond à la bonne réponse!

[X] correct

1. [ ] La dame est-elle triste parce qu'elle aimerait avoir une petite fille?
2. [ ] Va-t-elle voir un médecin?
3. [ ] Le lit de Poucette est-il fait d'une coquille de noix?
4. [ ] Poucette est-elle une grande fille?
5. [ ] Est-ce que Poucette a été enlevé par une grenouille?
6. [ ] Est-ce que Poucette a été libéré par le scarabée?
7. [ ] M. Taupe vit-il sous le sol?
8. [ ] La grenouille est-elle tombée amoureuse de Poucette?
9. [ ] L'hirondelle était-elle blessée?
10. [ ] Est-ce que Poucette s'est mariée avec le roi des animaux?

ton nom _____ 7

D'où vient Halloween?

Crapauds cracheurs, Halloween se fête le 31 octobre. La fête de l'Halloween vient de temps très anciens. Halloween est la fête qui marque le début de l'hiver sur la moitié nord de la terre. C'est aussi la période où les végétaux meurent. Halloween devient la fête des morts, des esprits, des ancêtres. Autrefois, les Celtes vivaient un peu partout en Europe (les Gaulois étaient un des peuples Celtes). Ils pensaient que les esprits de ceux qui sont morts dans l'année, reviennent sur terre le soir de la divinité « Samhain » pour rendre visite à leurs parents. C'est la fête des morts mais aussi celle d'une nouvelle année qui commence. Pour guider les morts, les Celtes disposaient sur les chemins de lanternes. Enfin, pour déjouer les mauvais tours des esprits malins, les Celtes dansaient déguisés en monstre hideux et offraient des friandises aux morts pour les amadouer. En 837, l'église chrétienne, qui ne parvient pas à se débarrasser de cette fête païenne décide de la christianiser en la remplaçant par la Toussaint (la fête des Saints). L'Halloween suit en Amérique les descendants des Celtes: les Irlandais. Le nom d'Halloween vient de l'anglais „All Hallow Eve" qui signifie la veille de la fête des Saints. Aujourd'hui, avec le soutien de la publicité elle revient en Europe. L'Halloween est devenu la fête des enfants qui, comme les esprits des anciens Celtes, terrorisent les vivants pour obtenir des bonbons.

l'ancêtre = der Ahn; la divinité = die Gottheit; la lanterne = das Standlicht; amadouer = beschwichtigen; la Toussaint = die Allerheiligen

Plie la feuille ici vers l'arrière. - Maintenant, ne lis plus dans le texte.
****
Mets une croix dans la case qui correspond à la bonne réponse!

[X] correct

1. ☐ La fête Halloween est-elle une fête très moderne?
2. ☐ Est-ce que Halloween se fête en octobre?
3. ☐ Halloween est-elle la fête des vieux esprits mais aussi celle d'une nouvelle année qui commence?
4. ☐ Les Celtes ont-ils disposé sur les chemins des lanternes pour guider les esprits morts?
5. ☐ Les Celtes ont-ils eu peur des mauvais esprits et ont-ils voulu éviter qu'ils leurs fassent du mal?
6. ☐ Est-ce que amadouer signifie essayer de convaincre quelqu'un d'une manière positive?
7. ☐ L'église a-t-elle christianisé cette fête en la remplacent par la Toussaint?
8. ☐ La fête suit-elle en Amérique et est-t-elle ensuite fêtée par les immigrant irlandais?
9. ☐ Est-ce que « All Hallow Eve » signifie le matin des Saints?
10. ☐ Aujourd'hui Halloween revient en Europe, est-elle surtout une fête pour les enfants?

ton nom _____ 8

La bague magique (Passé Composé)

Il était une fois, une jolie fille de six ans et demi qui s'appelait Donia. Un jour elle se rend dans la forêt pour cueillir des mûres. Elle marche plusieurs heures, comme elle est très fatiguée, et s'assoit au pied d'un arbre. Tout à coup, elle aperçoit quelque chose qui brille dans l'herbe, elle ramasse l'objet. C'est une magnifique bague en or, avec un gros diamant. Donia est contente. Une fée apparaît soudain et lui dit: « Cette bague est magique, elle réalise tous tes rêves, je te la donne car tu es une gentille fille, mais attention tu n'as droit qu'à trois souhaits ! » Et la fée disparaît. Donia regarde la bague et lui demande: « Je veux un énorme panier de mûres ! » Elle reste bouche bée, car un très gros panier rempli de mûres apparaît devant elle. Cette bague est vraiment magique! Elle court à la maison et raconte son aventure à sa mère. Sa mère est aussi heureuse, mais elle lui dit: « Gardons cette bague pour les jours difficiles, car aujourd'hui nous n'avons besoin de rien. » Maintenant Donia sait qu'il faut garder précieusement les secrets magiques.

la mûre = die Brombeere; rester en bouche bée = erstaunt schauen

Plie la feuille ici vers l'arrière. - Maintenant, ne lis plus dans le texte.
****
Mets une croix dans la case qui correspond à la bonne réponse!

[X] **correct**

1. ☐ Donia se rend-t-elle à la forêt pour chercher des champignons?

2. ☐ Est-ce qu'elle s'est assise au pied d'un arbre, parce qu'elle a perdu son chemin?

3. ☐ Est-ce qu'elle a trouvé une bague en or avec un gros diamant?

4. ☐ Soudain y a-t-il un papillon qui lui parle?

5. ☐ Donia a-t-elle le droit à trois souhaits?

6. ☐ Est-ce qu'elle reste bouche bée parce qu'elle a eu un panier plein de bananes?

7. ☐ Est-ce qu'elle a demandé à la bague un panier rempli de mûres?

8. ☐ Est-ce que la bague est magique?

9. ☐ Est-ce qu'elle montre cette bague à son père?

10. ☐ A la fin a-t-elle compris qu'il y a mieux à demander qu'un panier rempli de mûres ?

ton nom _____ 9

Le Parc d'Europe

Mon tonton Pierre et ma tata Madelaine m'ont offert quelque chose super bien et extraordinaire pour mon anniversaire cette année: Passer un séjour avec eux au Parc d'Europe à Rust en Allemagne. C'est le parc d'attraction le plus grand de l'Allemagne et un des mieux de la planète. Il y a au moins quinze grands manèges, des montagnes russes par exemple, dont quelques unes vont très vite et il y a tellement de spectacles qu'on ne peut même pas les regarder tous dans une seule journée. C'est aussi la raison pour laquelle le parc construit un 3 ème hôtel sur place. Nous avons logé à l'hôtel « El Andaluz ». Ce qui m'a plus le mieux, c'était le spectacle des gladiateurs à l'arène espagnole ainsi que les montagnes russes « Silver Star ». Si vous aller en Allemagne un jour, allez-y, je vous le conseille!

le tonton = umgangssprachlich, Kosewort :Onkel; la tata = umgangssprachlich, Kosewort : Tante; le manège = das Karussel; les montagnes russes = die Achterbahn

Plie la feuille ici vers l'arrière. - Maintenant, ne lis plus dans le texte.

****

Mets une croix dans la case qui correspond à la bonne réponse!

[X] correct

1. ☐ Mon tonton et ma tata m'ont-ils offert un gâteau pour mon anniversaire?
2. ☐ Le cadeau est-il un séjour dans un parc d'attraction en France?
3. ☐ Le parc est-il bien connu?
4. ☐ Est-ce qu'il y a des spectacles qu'on peut regarder au parc?
5. ☐ Le parc construit-il un nouvel hôtel du fait qu'il y a tellement de chose à faire et voir?
6. ☐ Avons-nous logé à l'hôtel « El Andaluz »?
7. ☐ A l'hôtel y avait-il des gladiateurs?
8. ☐ Les montagnes russes sont-elles quelque chose à manger?
9. ☐ Est-ce un des parcs les plus grands d'Europe?
10. ☐ Est-ce que ma tata s'appelle Juliane?

Les animaux du monde: L'éléphant

L'éléphant est un animal assez impressionnant, de plusieurs tonnes et pourvu de défenses redoutables. La maman éléphant a un seul petit tous les 4 ans. A sa naissance l'éléphanteau est déjà un gros bébé: il mesure 1 mètre de haut et pèse près de 100 kilos. Une heure après sa naissance le petit éléphant peut déjà marcher. Sa mère guide ses premiers pas avec sa trompe car ses pattes sont encore un peu tremblantes.

Même s'ils ne s'occupent jamais de leurs petits, les mâles sont attentifs aux petits du troupeau. Ils leurs ramassent quelques brassées d'herbes ou leur cassent des branches. Les petits restent longtemps auprès de leur mère. Vers l'âge de 11 ans, les éléphanteaux mâles quittent le troupeau où ils ont grandi. Ils rejoignent alors d'autres femelles et fondent leur propre troupeau.

Plie la feuille ici vers l'arrière. - Maintenant, ne lis plus dans le texte.
****
Mets une croix dans la case qui correspond à la bonne réponse!

| X | correct |

1. ☐ Les défenses redoutables sont-elles les dents le l'éléphant?
2. ☐ Est-ce que les éléphants ont des petits tous les deux ans?
3. ☐ Un éléphanteau est-il un jeune éléphant?
4. ☐ Un éléphanteau pèse-t-il déjà 200 kilos?
5. ☐ L'éléphanteau peut-il déjà marcher après une heure?
6. ☐ Est-ce qu'un jeune éléphant a besoin encore de sa maman pour le guider?
7. ☐ Est-ce que les pères éléphant leurs ramassent quelque chose à manger?
8. ☐ Est-ce que les éléphanteaux restent longtemps auprès de leur père?
9. ☐ A l'âge de 11 ans les jeunes mâles quittent-ils le troupeau?
10. ☐ Fondent-ils un autre troupeau?

ton nom _____ 11

La planète Saturne

Avec 23 lunes et ses anneaux, Saturne est la plus surprenante planète du système solaire. La planète Saturne est connue pour sa couronne d'anneaux. C'est une planète grande comme neuf fois la Terre. 23 satellites tournent autour de Saturne. Le plus gros, entouré de brouillard, s'appelle Titan. A sa surface, il fait -180°. C'est très, très froid.

Pense que l'eau se transforme en glace à 0°. Il y fait 10 fois plus froid que dans un congélateur. Composée de gaz, Saturne est si légère qu'elle pourrait flotter sur un océan... S'il existait un océan assez grand pour recevoir cette grosse planète. Saturne est entourée de milliers d'anneaux très brillants, constitués de blocs de glace et de roche. Ces blocs de tailles différentes tournent autour de Saturne à toute vitesse.

les anneaux = die Ringe

Plie la feuille ici vers l'arrière. - Maintenant, ne lis plus dans le texte.
****

Mets une croix dans la case qui correspond à la bonne réponse!

[X] correct

1. [ ] Est-ce que Saturne a 23 lunes et des anneaux?
2. [ ] Cette planète est-elle grande comme 20 fois la Terre?
3. [ ] Y a-t-il des satellites qui tournent autour de Saturne?
4. [ ] Titan est-il une de ses lunes?
5. [ ] Est-ce que l'eau se transforme en glace à 0°?
6. [ ] Est-ce que Saturne est une planète très lourde?
7. [ ] Est-ce qu'elle est composée de gaz?
8. [ ] Est-ce que Saturne fait partie de notre système solaire?
9. [ ] Une température de moins 180° est-ce très chaude?
10. [ ] Les anneaux autour de la planète brillent-ils?

Le Japon

Le Japon compte environ 126,3 millions en population. Il est situé dans l'océan Pacifique à la bordure du continent asiatique. La capitale du Japon est Tokyo, elle est située dans le centre du pays et elle s'étend du nord au sud. Les saisons de ce pays sont très distinctes et se déroulent au même rythme qu'au Québec. L'été est très chaud dans le sud du pays mais au nord il est très froid. En mars on peut se baigner au sud et faire du ski au nord. Le printemps au Japon est comme le nôtre bref la température est clémente. L'hiver est rude. Dans certaines régions les chutes de neiges peuvent atteindre trois mètres de haut. L'automne quant à lui est doux sauf si les typhons apparaissent. Les pluies abondantes causent des inondations. Il faut dire qu'il y a beaucoup de catastrophes naturelles au Japon, par exemple les séismes sont très fréquents. Les éruptions volcaniques aussi parce qu'il y a au moins 54 volcans en activité.

clément,e = mild; le typhon = der Taifun; le séisme = das Erdbeben; les éruptions volcaniques = die Vulkanausbrüche

Plie la feuille ici vers l'arrière. - Maintenant, ne lis plus dans le texte.

****

Mets une croix dans la case qui correspond à la bonne réponse!

[X] correct

1. ☐ Le Japon est-il un pays asiatique?
2. ☐ La population compte-t-elle 126,3 millions de personnes?
3. ☐ Est-ce que Tokyo est situé au nord du pays?
4. ☐ L'océan est-il l'Atlantique?
5. ☐ Est-ce qu'en été il fait très froid au nord du pays?
6. ☐ Est-ce qu'en mars on peut se baigner au sud du pays?
7. ☐ Les chutes de neige peuvent-elles atteindre 4 mètres hauteur?
8. ☐ Est-ce qu'un typhon peut aussi apparaître en Allemagne?
9. ☐ Y a-t-il souvent des séismes ou des éruptions volcaniques?
10. ☐ Est-ce que les jours d'inondations correspondent aux jours ou le soleil brûle les forêts?

ton nom _____ 13

La devise de la France

Liberté – Egalité – Fraternité.
Cette devise indique les principes que veulent suivre les citoyens français. La devise « Liberté, Egalité, Fraternité » vient de la Révolution. Elle est inscrite sur les bâtiments publics depuis 1880. La liberté, c'est le droit de penser ce que l'on veut, de discuter, de travailler, de se réunir avec d'autres, de dire son opinion. La liberté n'est pas illimitée, il ne faut rien faire qui puisse faire du mal à quelqu'un d'autre. L'égalité fait partie de la  devise de la République française. Cela veut dire que tout le monde a les mêmes droits, quelque soit son origine, sa richesse. La loi est la même pour tous. La fraternité, c'est se comporter comme des frères. Cela veut dire être solidaire, ne pas laisser tomber quelqu'un qui a des difficultés. Pour cela, on a créé la Sécurité sociale pour rembourser les soins aux gens malades, les aides pour les gens sans travail, les bourses pour aider les parents à payer les études de leurs enfants par exemple.

les bourses = hier: das Bafög

Plie la feuille ici vers l'arrière. - Maintenant, ne lis plus dans le texte.

Mets une croix dans la case qui correspond à la bonne réponse!

[X] correct

1. ☐ Liberté - Egalité - Fraternité sont-ils les principes dont on veut qu'ils soient suivis par les citoyens français?

2. ☐ Est-ce que Liberté veut dire qu'on peut toujours faire ce qu'on veut sans respecter les droits des autres?

3. ☐ La Révolution françaises était-elle un événement très important dans l'histoire de la France?

4. ☐ Ces principes sont-ils des lois?

5. ☐ Est-ce que L'égalité signifie que chacun a les mêmes droits?

6. ☐ La France est-elle une République?

7. ☐ Est-ce qu'un français peut avoir une autre origine?

8. ☐ Est-ce que la loi est la même pour tous?

9. ☐ Est-ce que La fraternité signifie de se comporter comme des frères?

10. ☐ L'état français a-t-il crée la Sécurité sociale, les aides, les bourses etc.?

ton nom _____ 14

Le corbeau et le renard *(Passé Composé)*

Maître corbeau, sur un arbre perché, tenait en son bec un fromage. Maître renard, par l'odeur alléché, lui tenait à peu près ce langage: « Hé! Bonjour, Monsieur le Corbeau. Que vous êtes joli! Que vous me semblez beau! Sans mentir, si votre ramage se rapporte à votre plumage, vous êtes le phénix des hôtes de ces bois. » A ces mots le corbeau ne se sent plus de joie; et pour montrer sa belle voix, il ouvre un large bec, laisse tomber sa proie. Le renard s'en saisit, et dit: « Mon bon Monsieur, apprenez que tout flatteur vit aux dépens de celui qui l'écoute: Cette leçon vaut bien un fromage, sans doute. » Le corbeau, honteux et confus a juré, mais un peu tard, qu'on ne l'y prendrait plus.

le renard = der Fuchs; être alléché = angelockt werden; le langage = die Umgangssprache;
le ramage = der Vogelgesang; les hôtes = die Gäste; la proie = die Beute; se saisir de qc. = etw. greifen

Plie la feuille ici vers l'arrière. - Maintenant, ne lis plus dans le texte.
****
Mets une croix dans la case qui correspond à la bonne réponse!

[X] correct

1. ☐ Maître corbeau est-il un pingouin?
2. ☐ Tient-il un gâteau dans le bec?
3. ☐ Le renard lui fait-il un compliment?
4. ☐ Le renard désire-t-il avoir le fromage?
5. ☐ Le corbeau est-il flatté et commence à chanter?
6. ☐ Le renard est-il très malin?
7. ☐ Le corbeau a-t-il chanté avec le fromage dans le bec?
8. ☐ Le renard a-t-il attrapé la proie du corbeau, le fromage?
9. ☐ Le corbeau a-t-il juré de ne plus se faire prendre?
10. ☐ Est-ce qu'à la fin tous les deux ont appris une leçon?

ton nom _____ 15

Trois perroquets jaloux

Dans la forêt amazonienne, trois perroquets – un rouge, un vert, un jaune – sont perchés dans un arbre. Le perroquet vert jaloux dit au perroquet rouge « Vous avez l'air malin avec votre plumage rouge ! » Vexé, le perroquet rouge lui répond : « Qu'est-ce qu'il a mon plumage rouge? Elles sont très belles mes plumes rouges! Et puis d'ailleurs je n'en ai pas d'autres. Et même si mon plumage ne vous plait pas au milieu des fleurs je me confonds ! » A son tour le perroquet rouge envieux dit au perroquet jaune: « Vous avez l'air malin avec votre plumage jaune ! » Vexé, le perroquet jaune lui répond: « Qu'est-ce qu'il a mon plumage jaune? Elles sont très belles mes plumes jaunes! Et puis d'ailleurs je n'en ai pas d'autres. Et même si mon plumage ne vous plait pas, dans le ciel on ne voit que moi ! » A son tour le perroquet jaune fâché dit au perroquet vert: « Vous avez l'air malin avec votre plumage vert ! » Vexé, le perroquet vert lui répond: « Qu'est-ce qu'il a mon plumage vert? Elles sont très belles mes plumes vertes! Et puis d'ailleurs je n'en ai pas d'autres. Et même si mon plumage ne vous plait pas, dans le feuillage je suis invisible ! » A ce moment-là, un orage s'abat sur la forêt. Le vent souffle, le tonnerre gronde, la pluie se déchaîne. Pour se protéger, les trois perroquets se rapprochent. Mais la tempête redouble et nos perroquets sont malmenés, projetés à droite, projetés à gauche, secoués dans tous les sens. Mais au petit matin, lorsque le soleil est apparu, il n'y a plus ni perroquet vert, ni perroquet rouge, ni perroquet jaune. Non à la place il y a trois magnifiques perroquets rouge vert jaunes. Dans la tempête, leurs plumes se sont mélangées!

le perroquet = der Papagei; être perché,ée = versteckt sitzen; être vexé,ée = gekränkt sein;
ênvieux,euse = neidisch; abattre = hereinbrechen; le tonnerre = der Donner; secoué,ée = durcheinandergeschüttelt

Plie la feuille ici vers l'arrière. - Maintenant, ne lis plus dans le texte.

****

Mets une croix dans la case qui correspond à la bonne réponse!

[X] correct

1. ☐ Les trois perroquets vivent-ils dans la forêt amazonienne?
2. ☐ Il y en a-t-il un rouge, un vert et un jaune?
3. ☐ Le vert est-il jaloux du plumage rouge du perroquet rouge?
4. ☐ Le rouge est-il d'abord vexé mais s'explique-il?
5. ☐ Le rouge est-il jaloux du plumage du perroquet vert?
6. ☐ Le perroquet jaune ne dit-il rien?
7. ☐ Est-ce que les trois perroquets sont fâchés les uns les autres?
8. ☐ D'un coup y a-t-il un orage très fort avec du vent et de la pluie?
9. ☐ Les perroquets doivent-ils se rapprocher pour être protégé?
10. ☐ Après l'orage les couleurs de leurs plumages se sont-elles mélangées?

ton nom _____ 16

Fête de l'Europe

« Un jour viendra où vous France, vous Russie, vous Angleterre, vous Allemagne, vous toutes, nations du continent, sans perdre vos qualités distinctes et votre glorieuse individualité, vous vous fondrez étroitement dans une unité supérieure, et vous constituerez la fraternité européenne » Victor HUGO (1802-1885). Le 9 mai a été déclaré journée de l'Europe en 1985, pour commémorer le discours de Robert Schuman (avant-coureur), première étape de la construction de l'Union Européenne. Par-delà la géographie qui enseigne les contours du vieux continent, l'Europe est aussi aujourd'hui une entité juridique et politique qui rassemble des citoyens Européens. Certains de ces citoyens européens ont maintenant une monnaie unique: l'Euro. Les états membre de l'EU.

commémorer = einer Sache gedenken; l'union = der Bund, die Vereinigung; l'entité = die Einheit

Plie la feuille ici vers l'arrière. - Maintenant, ne lis plus dans le texte.
****
Mets une croix dans la case qui correspond à la bonne réponse!

| X | correct |

1. ☐ Au début du texte se trouve-t-il une citation de Victor Hugo?
2. ☐ Est-ce que la « journée de l'Europe » a été déclarée le 9 mai 1995?
3. ☐ Robert Schumann était-il l'avant-coureur de l'Europe?
4. ☐ 27 états font-ils partie de l'Union européenne?
5. ☐ L'Europe est-elle une union d'états?
6. ☐ Est-ce qu'il y a des lois européennes?
7. ☐ Est-ce qu'il y a une politique européenne?
8. ☐ L'Europe a-t-elle une monnaie unique?
9. ☐ Les européens parlent-ils tous la même langue?
10. ☐ L'Europe est-elle plus grande que la France et l'Allemagne réunies ensemble?

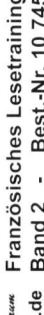

Deux arbres

Un pin et un pommier grandissent dans mon jardin. Ces arbres sont des végétaux tout les deux. Les deux arbres ont un tronc, des racines, et des branches. Sur les branches des deux arbres poussent des pommes. A l'inverse de celle du pommier la pomme de pin, qui a aussi le nom de cône ne se mange pas. Les feuilles du pin sont appelées aiguilles de pin. Les feuilles du pommier tombent en automne. Après les branches sont chauves. Les pins sont des arbres de la famille des conifères. Le pommier est lui, de la famille des arbres fruitiers. Le pin reste vert pendant toute l'année et, garde ses pommes. Au printemps, il y a des boutons qui apparaissent sur le pommier. Les boutons s'ouvrent à la belle saison et deviennent des feuilles ou des fleurs. Celles-ci deviennent ensuite des petites pommes. Les pommes poussent pendant l'été et deviennent mûres en automne. Il y a des pépins à l'intérieur des pommes qui peuvent servir de semences. Il y a aussi des petites semences à l'intérieur des cônes. A Noël, mon père décore le sapin avec des lumières blanches. Au printemps, le pommier est décoré avec toutes ses belles fleurs roses.

Plie la feuille ici vers l'arrière. - Maintenant, ne lis plus dans le texte.

****

Mets une croix dans la case qui correspond à la bonne réponse!

| X | correct |

1. ☐ Peut-on manger les pommes de pin?
2. ☐ Les feuilles du pommier tombent-elles en été?
3. ☐ Le pin est-il de couleur jaune?
4. ☐ Le pommier est-il un arbre fruitier?
5. ☐ Est-ce que la pomme de pin se nomme aussi cône?
6. ☐ La fleur du pommier est-elle rouge?
7. ☐ Est-ce que le sapin de Noël est le même arbre que le pin dans le texte?
8. ☐ Les fleurs du pommier donnent-elles les bonnes pommes à manger?
9. ☐ Les arbres sont-ils des animaux?
10. ☐ Les arbres ont-ils des bras et des jambes?

La baleine

Les baleines ne sont pas des poissons mais vivent dans la mer. La baleine bleue est la baleine la plus grande. Elle peut peser 220 tonnes et peut arriver à une longueur de 30 mètres. Les baleines sont des mammifères. Elles ont un sang chaud comme les chats, les chiens et les être humains. Les baleines ne peuvent pas respirer dans l'eau. Elles nagent à la surface de l'océan pour respirer. Les baleines respirent par des narines qui sont situées au dessus de leurs têtes. Les petits des baleines (les baleineaux) grandissent dans le ventre de leurs mamans et quand il sont nés, boivent le lait de leurs mères jusqu'à-ce qu'ils soient assez grands pour pouvoir vivre seuls. Quand les baleines nagent, leur nageoire caudale va de haut en bas. Quand les poissons nagent, leur nageoire caudale va de gauche à droite. Les baleines ont une couche de graisse en dessous de leur peau qui s'appelle l'huile de poisson. Cette huile était utilisée pour beaucoup de choses avant nos jours et malheureusement beaucoup de baleines ont été tuées pour cette huile précieuse. Mais aujourd'hui il y a des lois qui protègent les baleines de ces pêches sauvages.

le mammifère = das Säugetier; la nageoire caudale = die Schwanzflosse

Plie la feuille ici vers l'arrière. - Maintenant, ne lis plus dans le texte.
****
Mets une croix dans la case qui correspond à la bonne réponse!

|X| correct

1. ☐ La baleine est-elle un poisson?
2. ☐ Est-ce que l'on appelle la plus grosse baleine «la baleine rouge»?
3. ☐ Appelle-t-on les petites baleines « les baleineaux »?
4. ☐ Les baleines peuvent-elles respirer dans l'eau?
5. ☐ Est-ce que les narines des baleines sont situées sous leur ventre?
6. ☐ Les baleines ont-elles une couche de confiture sous leur peau?
7. ☐ Les mamans baleines allaitent-elles leurs petits?
8. ☐ Une baleine peut-elle mesurer 50 mètres de longueur?
9. ☐ Les baleines sont-elles des mammifères?
10. ☐ Est-ce que les baleines ont le sang froid?

Picasso

Pablo Ruiz Picasso (né à Málaga le 25 octobre 1881 - mort le 8 avril 1973 à Mougins) était un artiste espagnol. Il est principalement connu pour ses peintures, mais fut aussi sculpteur, et est l'un des artistes majeurs du XXe siècle. Il est, avec Georges Braque, le fondateur du mouvement cubiste. De 1907 à 1914, il réalise avec Georges Braque des peintures qui seront appelées cubistes. Elles sont caractérisées par une recherche sur la géométrie: tous les objets se retrouvent divisés et réduits en formes géométriques simples, souvent des carrés. Cela signifie en fait qu'un objet n'est pas représenté tel qu'il apparaît visiblement, mais par des codes correspondant à sa réalité connue. L'œuvre fondatrice du cubisme est « Les Demoiselles d'Avignon » en 1907. Le cubisme consiste aussi à représenter sur une toile en deux dimensions un objet de l'espace. Picasso décompose l'image en multiples facettes (ou cubes, d'où le nom de cubisme) et détruit les formes du réel pour plonger dans des figures parfois étranges (comme une figure représentée sur une moitié de face, et sur l'autre de côté). Trois formes de cubisme émergent: le précubisme, le cubisme analytique et le cubisme synthétique.

l'objet de l'espace = der räumliche Gegenstand (hat ja 3 Dimensionen); le précubisme = die Anfänge des Kubismus; le cubisme analytique = der analytischer Kubismus; le cubsime synthétique = der synthetischer Kubismus; la toile = Leinwand, Gemälde

Plie la feuille ici vers l'arrière. - Maintenant, ne lis plus dans le texte.

****

Mets une croix dans la case qui correspond à la bonne réponse!

[X] correct

1. ☐ Picasso est-il un artiste français?
2. ☐ Est-il connu pour ses peintures mais aussi pour ses sculptures?
3. ☐ Ensemble avec Braque, Picasso a-t-il fondé le mouvement cubiste?
4. ☐ Les formes dans les peintures sont-elles souvent des carrés?
5. ☐ Picasso transforme-t-il ce qu'il voit en formes géométriques?
6. ☐ La première peinture connue dans ce style s'appelle-t-elle « Les Monsieurs d'Avignon »?
7. ☐ Le cubisme essaye-t-il de représenter sur une toile les trois dimensions d'un objet?
8. ☐ Le cubisme est-il une forme de peinture abstraite?
9. ☐ Picasso est-il un des artistes majeurs du XVIIIIe siècle?
10. ☐ Est-ce que Picasso peignant des façades de maisons?

ton nom _____ 20

Allô docteur!

Vous êtes malade en France? Ne vous inquiétez pas, on trouve toujours un médecin, même la nuit. Vous avez dans les annuaires, la liste de tous les médecins par ville ou par arrondissement. La nuit ou le week-end, le nom des médecins de garde est affiché dans les pharmacies. Vous pouvez aussi obtenir leurs noms en téléphonant au Commissariat de police. Pour obtenir le remboursement des frais de maladie, il faut être inscrit à une caisse de Sécurité Sociale. Tous les salariés le sont automatiquement: les cotisations sont prélevées sur les salaires. En général, le malade paie directement le médecin ou le pharmacien. Il se fait ensuite rembourser par la Sécurité Sociale (40% à 100% des frais). Il remplit une feuille d'assurance maladie, qu'il envoie à sa caisse de Sécurité Sociale. Si vous êtes assuré social d'un pays membre de la C.E.E. (Communauté Economique Européenne), vos frais médicaux vous sont rembour sés pendant votre séjour en France.

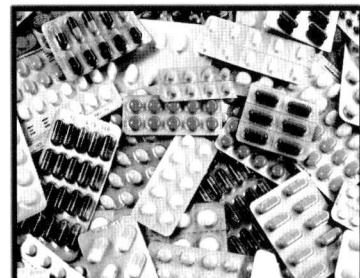

l'annuaire = das Telefonbuch; le médecin de garde = diensthabender Arzt; les frais de maladie = entstandene Kosten aufgrund von Krankheit; la caisse de Sécurité Sociale = die Krankenkasse; les salariés = die Arbeitnehmer; les cotisations = Mitgliegsbeitrag; les frais = Kosten, Unkosten

Plie la feuille ici vers l'arrière. - Maintenant, ne lis plus dans le texte.

****

Mets une croix dans la case qui correspond à la bonne réponse!

[X] correct

1. ☐ Dans les annuaires trouve-t-on des numéro de téléphone est des adresses?
2. ☐ Est-ce qu'un arrondissement est plus grand qu'une ville?
3. ☐ Un médecin de garde fait-il le service d'urgence?
4. ☐ Pour avoir le nom du médecin de garde faut-il absolument téléphoner au Commissariat de police?
5. ☐ Les salariés sont-ils des personnes qui travaillent dans une entreprise?
6. ☐ Tous les salariés sont-ils automatiquement inscrits à une Caisse de Sécurité Sociale?
7. ☐ Est-ce que les cotisations sont les frais qu'on doit payer à la caisse pour être assuré?
8. ☐ Les frais peuvent-ils être aussi les coûts qu'on doit payer pour les médicaments?
9. ☐ Est-ce que être remboursé veut dire qu'on reçoit en retour les coûts qu'on a payés?
10. ☐ La France et l'Allemagne sont-ils des pays membres de la C.E.E.?

Die Lösungen

Richtige Antworten:

	Aussage Nr.									
	1	2	3	4	5	6	7	8	9	10
Text 1	X		X	X	X			X	X	X
Text 2			X		X	X			X	X
Text 3		X		X	X	X	X		X	X
Text 4	X		X	X	X	X				X
Text 5	X		X	X		X	X	X	X	X
Text 6	X		X		X	X	X		X	
Text 7		X	X	X	X	X	X	X		X
Text 8			X		X		X	X		X
Text 9			X	X	X	X			X	
Text 10	X		X		X	X	X		X	X
Text 11	X		X		X		X	X		X
Text 12	X	X			X	X			X	
Text 13	X		X		X	X	X	X	X	X
Text 14			X	X	X	X		X	X	X
Text 15	X	X	X	X				X	X	X
Text 16	X		X	X	X	X	X	X		X
Text 17				X	X		X	X		
Text 18			X				X		X	
Text 19		X	X	X	X		X	X		
Text 20	X	X	X		X	X	X	X	X	X

Philosophie SEK I

Lernwerkstatt Philosophie
Ein Einsteigerprogramm für angehende Philosophen

Kopiervorlagen ermöglichen den Ersteinstieg in die großen Fragen der Philosophie. Wer ich? Was kann ich wissen? Was darf ich glauben? - Das sind stets wiederkehrende Fragen, den heranwachsenden Menschen beschäftigen. Eine Hilfestellung bietet dieses Einsteigergramm für kleine Philosophen, die durch die Aufgaben eine Sinngebung ihres Daseins und delns erfahren. Dadurch lernen sie zu antworten auf elementare Fragen des reflektierenden schen. *Was ist der Mensch? Die Stellung des Menschen in der Welt. Freier Wille und Ethik. Tod. Was ist der Sinn des Lebens?* Neben diesem individuellen Sinn wird auch die Einordg und Sinngebung ihres verantwortlichen Handelns der Gemeinschaft gegenüber vermittelt. wird u.a. durch zahlreiche Zitate berühmter Philosophen ermöglicht, deren Weltanschauungen Schüler „an die Hand nehmen...".

lt: Was ist Philosophie?; Sehen und verstehen; Was können wir wissen, können wir Sicheres wissen?; das Denken; Fragen über Fragen; Was ist der Mensch?; Der Mensch ist ein Mängelwesen; Die Stellung Menschen in der Welt; Hat der Mensch einen freien Willen?; Der freie Wille und die Ethik; Die Sprache Menschen; Sprache - Modelle - Philosophie - Religion; mit Klebetexten

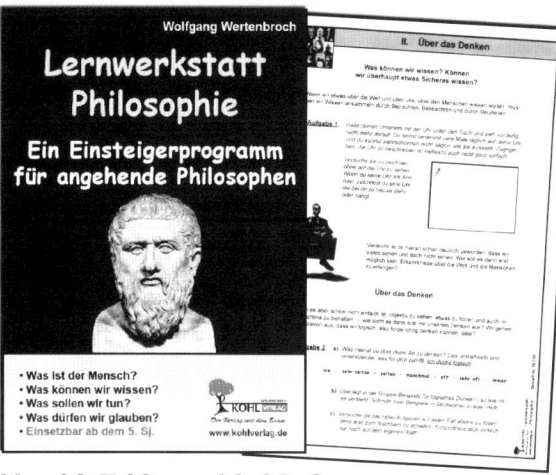

42 Kopiervorlagen   Nr. 10 743   12,80 €

Fremdsprachen SEK I

Lesetraining
für Englisch, Französisch & Italienisch

Die Lesetexte schulen den Umgang mit der Fremdsprache und dienen der Bildung von Lesekompetenz. Die Arbeitsblätter sind zweigeteilt: Auf der oberen Hälfte steht der zu lesende Text, die untere Hälfte enthält falsche und richtige Sätze. Der Schüler hat nun die Aufgabe (ohne erneut nachzulesen), die richtigen Sätze herauszufiltern. Das schult die Konzentration und das sinnerfassendes Lesen! Das ist beliebtes und bewährtes Freiarbeitsmaterial! **Im Anhang finden sich Lösungen zur Selbstkontrolle!** Je 17 Kopiervorlagen

- **Englisches Lesetraining**
  - Band 1 *(ab 2. Lj.)*   Nr. 10 675   9,90 €
  - Band 2 *(ab 3. Lj.)*   Nr. 10 676   9,90 €
  - Beide zusammen   Nr. 40 019   **nur** 17,90 €

- **Französisches Lesetraining**
  - Band 1 *(ab 2. Lj.)*   Nr. 10 744   9,90 €
  - Band 2 *(ab 3. Lj.)*   Nr. 10 745   9,90 €
  - Beide zusammen   Nr. 40 020   **nur** 17,90 €

- **Italienisches Lesetraining**
  - Band 1 *(ab 2. Lj.)*   Nr. 10 758   9,90 €
  - Band 2 *(ab 3. Lj.)*   Nr. 10 759   9,90 €
  - Beide zusammen   Nr. 40 022   **nur** 17,90 €

Bildungsstandard Englisch
Was 14-Jährige wissen und können sollten!

Die Fortsetzung unserer Serie „Bildungsstandard Deutsch"!

Das erfolgreiche Projekt „Bildungsstandard Deutsch" gibt es nun auch für das Fach Englisch! Dieses innovative und exklusive Übungsmaterial ist eine unabhängige und überaus hilfreiche Lernzielkontrolle für Lehrer, Schüler und Eltern. Die Ausgabe enthält 32 Tests zu folgenden Bereichen: Nomen und Personalpronomen; die Possessivbegleiter; das Verb *have got*; die Zeiten *present progressive, simple past tense, simple present tense, present perfect, past progressive, past perfect* und das Futur mit *going to* sowie das Futur mit *will*; there is/there are; Steigerung von Adjektiven; Wortschatzarbeit.

Die Aufgaben können weitgehend selbstständig gelöst werden. Die Lösungen im Anhang ermöglichen eine kinderleichte Selbstkontrolle. Anhand der Ergebnisse lässt sich leicht feststellen, in welchen Bereichen der betreffende Schüler noch Defizite vorweist, um ihn dort anschließend gezielt zu fördern! 0 Kopiervorlagen mit Lösungen!

Nr. 10 822   12,80 €

Fremdsprachen SEK I

English – quite easy
Übungsmaterial zum Einsatz im elementaren Förderunterricht

Englisch ist die Weltsprache Nummer Eins. Weltweit wird in der englischen Spche im privaten und öffentlichen Leben kommuniziert. Englisch ist in vielfältigLebenssituationen anzutreffen. Die Sprache gilt als leicht zu erlernende Spraczumindest wird dies behauptet. Die Schulwirklichkeit jedoch zeigt: So manche Scler haben sehr große Schwierigkeiten mit dem Englischen. Vor diesem Hintergruentstand diese neue Lernreihe "English - quite easy", in der in kleinen Schritt("step by step") vorgegangen wird. Die ersten beiden Bände sind vorgesehenAnfänger im Erlernen der englischen Sprache, sie sind konzipiert für den elemtaren Förderunterricht. Die Kopiervorlagen gingen hervor aus der Schulpra- und zwar aus der langjährigen Arbeit mit Haupt- und Förderschülern. Der KVerlag startet in die Reihe "English - quite easy" mit folgenden beiden Bänd(Weitere Folgebände sind in Planung!): **Je 32 Kopiervorlagen mit Lösung**

- Band 1: Let's start to speak English   Nr. 10 805   9,90
- Band 2: Let's go on speaking English   Nr. 10 806   9,90

Take it easy!
5-Minuten-Training Englisch

Hier sind **40 Kopiervorlagen** zu Grammatik, Wortschatz und Redewendungen. Mit einem **raffinierten Seitenstreifen**, der eine kinderleichte **Selbstkontrolle** ermöglicht! Take it easy! Ideales Material auch zum selbstständigen Üben!

Nr. 11 224   13,80 €

See you later, Alligator
Learning the English Tenses

Selbstständiges Lernen anhand von Beispielen und Erklärungen. Originelle und abwechslungsreiche Aufgaben bereiten Spaß und wecken Interesse am Üben. Die englischen Zeiten werden einfach und leicht verständlich erklärt. Tipps und Eselsbrücken helfen, den Stoff zu verstehen. Mit Lösungen!

28 Kopiervlg.   Nr. 11 103   12,80 €

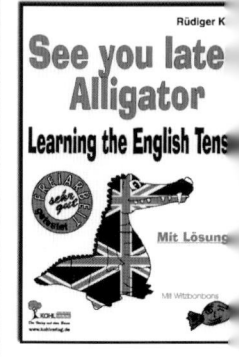

DO-DID-DONE
Die unregelmäßigen Verben

10 Kopiervorlagen zum Üben der unregelmäßigen Verben. Dabei wurden Gruppen von Verben zusammengefasst, deren Stammformen Gemeinsamkeiten aufweisen. Nach dem Übungsteil wird das Blatt geknickt, nun gilt es, einen Lückentext zu vervollständigen. **Mit Lösungen!**

Nr. 10 440   6,50 €

Kreuzworträtselreise Englisch

Das Lösen der Rätsel ermuntert, sich mit verschiedenen Wortfeldern der Fremdsprache zu befassen. Das erleichtert das Lernen z.B. von unregelmäßigen Verben oder diversen Vokabeln (clothes, food, seasons, animals, usw...). Je 10 Kopiervorlagen, mit Lösungen.

- 1. Lernjahr   Nr. 10 390   6,50 €
- 2. Lernjahr   Nr. 10 391   6,50 €
- Beide zus.:   Nr. 40 092   11,90 €

KWRR Französisch

Die Kreuzworträtsel Fremdsprachen gibt es auch für das Fach Französich!
Je 12 Kopiervorlagen, mit Lösungen.

- 1. Lernjahr   Nr. 10 508   6,50 €
- 2. Lernjahr   Nr. 10 509   6,50 €
- Beide zus.:   Nr. 40 093   11,90 €

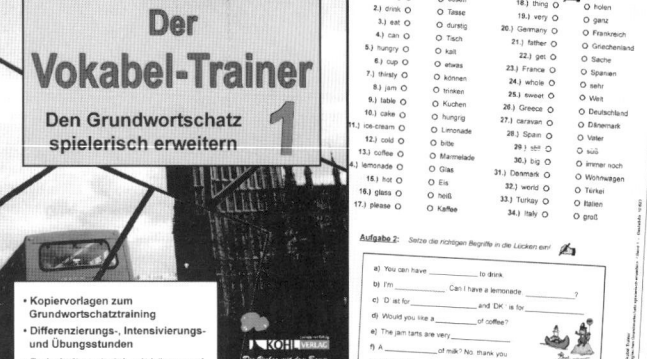

Der Vokabel-Trainer
Den englischen Grundwortschatz spielerisch erweitern

In diesen zwei Bänden werden die jeweils passenden Begriffe des Grundwortschzes gelernt, gesichert, wiederholt und vertieft. Auf spielerische Weise wird dadurcder Wortschatz erweitert. Die zahlreichen Dominos, Memories, Puzzles und Übungaufgaben sind schulartübergreifend optimal einsetzbar!

- Band 1 (5.-7. Sj.) **55 Kopiervorlagen**   Nr. 10 823   14,80
- Band 2 (8.-9. Sj.) **40 Kopiervorlagen**   Nr. 10 827   12,80